La face crashée de
Marine Le Pen

Grasset

La face crashée de Marine Le Pen

Enquête : Saïd Mahrane
Scénario : Richard Malka
Dessin : Riss
Mise en scène : Ptiluc

Grasset

Couleurs : Cerise
Lettrage : Philippe Glogowski
Typographie de couverture : Amandine Boucher
Imprimé en Roumanie par Canale Bucarest
© *Éditions Grasset & Fasquelle, 2016*
ISBN : 978-2-246-86008-2
Tous droits de traduction, de reproduction et d'adaptation réservés pour tous pays.
Achevé d'imprimer en septembre 2016, - N° d'édition 19532
Dépôt légal octobre 2016

Le souvenir de notre ami Philippe Cohen, qui eut un jour la drôle d'idée de vouloir dessiner la politique, n'a cessé de nous accompagner au cours de la réalisation de cet album.

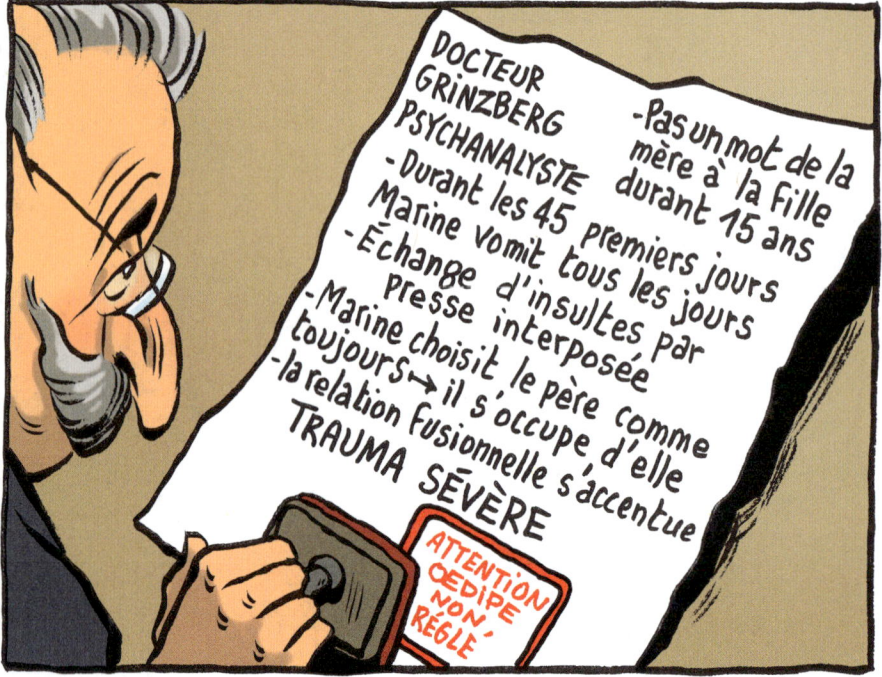

IL EST DANS TA MALETTE, HEIN ?
"DIS-MOI QUI TU FRÉQUENTES JE TE DIRAI QUI TU ES"...
INTERESSANT...
OH MON DIEU... QU'AI-JE FAIT ? BOUHOUHOU.
ALORS C'EST ÇAAAA...
MON PETIT COCO... TU VAS NOUS SIGNER UNE BELLE LETTRE DE DÉMISSION POUR RAISON FAMILIALE ET VOTRE MISÉRABLE RÉBELLION SERA TUÉE DANS L'ŒUF !
BRÛLE CE DOSSIER, STEEVE. IL NE FAUT PAS QU'IL TOMBE ENTRE DE MAUVAISES MAINS...
JE SUIS SÛR QU'IL N'EST MÊME PAS PRÉCISÉ QU'ON EN A SANCTIONNÉ CERTAINS...
OUI MAIS PAS TOUS...
ET ON LES A QUAND MÊME PRÉSENTÉS À DES ÉLECTIONS SOUS NOS COULEURS. C'EST PAS BON !

MUSULMANS, FAITES UN GESTE POUR LA TERRE : SUICIDEZ-VOUS !
FABIEN ROUQUETTE, CANDIDAT FN AUX DÉPARTEMENTALES 2015, AUDE
FACEBOOK
ALEXANDRE LARIONOV, CANDIDAT FN AUX DÉPARTEMENTALES 2015, AVEYRON
JE SOUHAITE LA DISPARITION DES JUIFS UNE FOIS ET POUR TOUJOURS !
FACEBOOK
L'ISLAM ET LES MAHOMÉTANS SONT LA NOUVELLE PESTE BUBONIQUE DU 21e SIÈCLE À COMBATTRE, À ÉLIMINER SANS HÉSITATION, PAR TOUS LES MOYENS POSSIBLES.
CHANTAL CLAMER, CANDIDATE FN AUX DÉPARTEMENTALES 2015, ARIÈGE
TWITTER
J'AVAIS D'ABORD SOUHAITÉ LA MORT DES "RATONS"...
ALEXANDRE PELLOUARD, CANDIDAT FN AUX DÉPARTEMENTALES 2015, HAUTE-MARNE
MAIS AVEC UN RÉSULTAT DE 25,4 % POUR LE FN, ILS SONT OÙ LES BOUGNOULES ?
FACEBOOK 4
KEVIN RECHE, CANDIDAT FN AUX DÉPARTEMENTALES 2015, PAS-DE-CALAIS...
AH OUAIS...
COOL.
JEAN-MARIE COJANNOT (VAUCLUSE)
JEAN-MARIE MOULIN (GARD)
PASCAL WOJTALIK (LOIRE)
ANTOINE ELKIK (VAL-DE-MARNE)
IL FAUT VIRER LES SIONISTES QUI GROUILLENT DANS LES INSTITUTIONS !
JE DÉNONCE LE JUDÉO-FÉMINISME !
ET MOI LE POISON COSMOPOLITE !
DEPUIS DES SIÈCLES, LES FILS SIONISTES VOLENT LES PAYS QUI LES HÉBERGENT.

IL EST PLUS QUE TEMPS DE PRENDRE LES ARMES ET DE LIBÉRER LA FRANCE DE CETTE HYDRE PUANTE ET MORTIFÈRE QU'EST L'ISLAM. PAS DE PLACE CHEZ NOUS POUR CE GENRE D'ANIMAL SAUVAGE!
PIERRE DINET, CANDIDAT FN AUX DÉPARTEMENTALES 2015, AQUITAINE
FACEBOOK
YVES PHILIPPE, CANDIDAT FN AUX DÉPARTEMENTALES 2015, AQUITAINE
VALLS RAMPE FACE AUX JUIFS...
ET LES MUSULMANS SONT LES FILS DE SATAN!
FACEBOOK 8/15
LES COMMENTAIRES DE PIERRE DINET SUR TAUBIRA, D'ANTOINE ELKIK SUR VALLAUD-BELKACEM ET DE FRANCK PERRIN, CANDIDAT À BIARRITZ, SUR RUQUIER.
C'EST UNE SOCIALOPE QUI DONNE ENVIE DE BROYER DU NOIR.
CAFARDE QUI A BESOIN DE BLANCHIMENT. LES CHAUSSURES DE MARINE SONT PLUS PROPRES QUE TOI.
SPECTACLE RUQUIER
TANTOUZE
HIHI!
LES STARS
ANNE-SOPHIE LECLÈRE, CANDIDATE FN AUX MUNICIPALES 2014, ARDENNES
ALEXANDRE GABRIAC, CONSEILLER RÉGIONAL FN ET MEMBRE DU COMITÉ CENTRAL DU FN (2010/2011)
BEN QUOI?
COMPARER TAUBIRA À UN SINGE, C'EST DRÔLE, NON?
MARINE LE PEN, DIFFUSANT DES PHOTOS DE PROPAGANDE DE DAESH POUR PROTESTER CONTRE DES PROPOS DE JEAN-JACQUES BOURDIN
MÊME AU FN ON A ÉTÉ HORRIFIÉ...
...MAIS, AVEC MOI, C'EST NO LIMIT! ET FUCK LES FAMILLES!

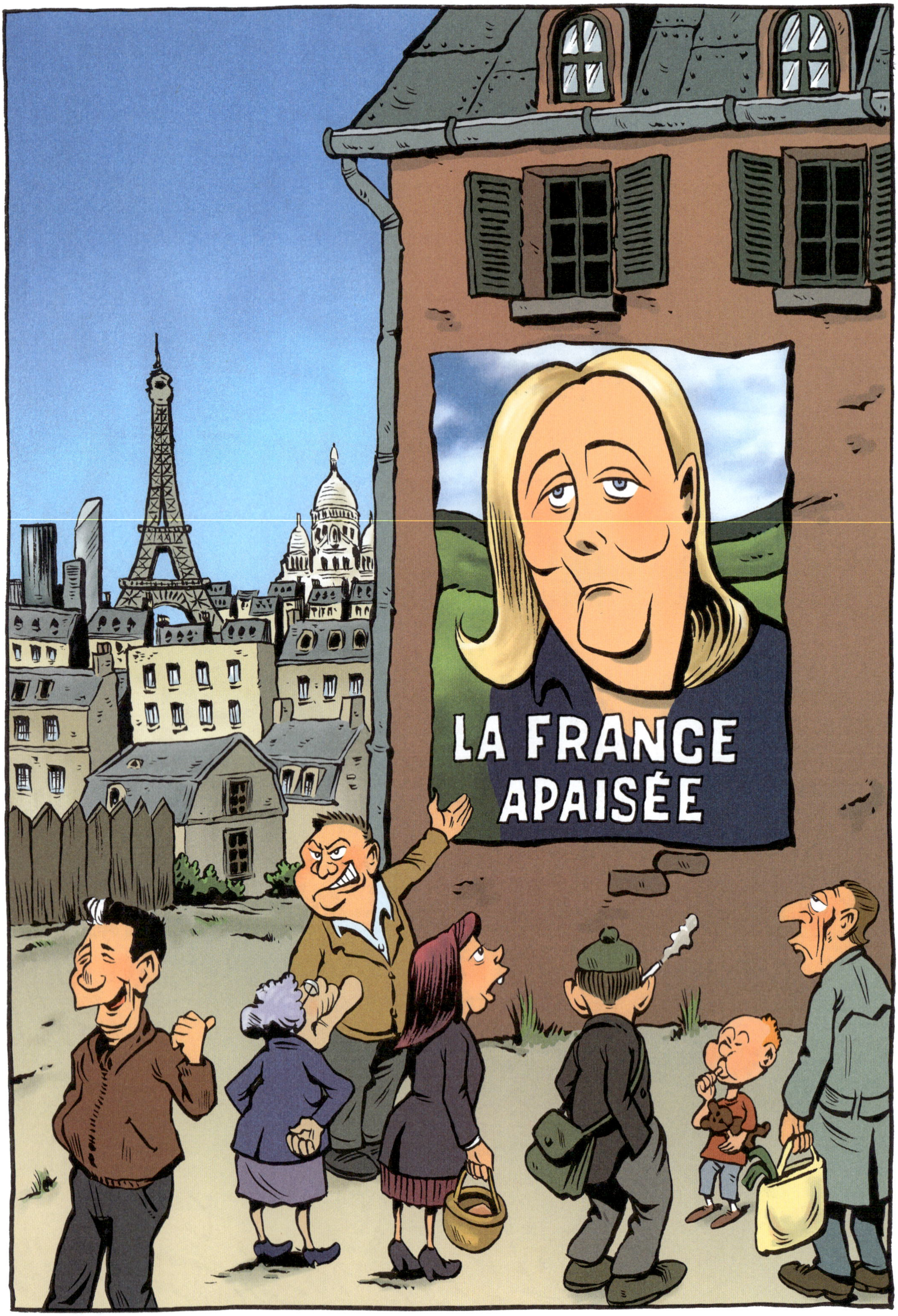
LA FRANCE
APAISÉE

39

Case 1: — ATTENDS, MAIS CE SONT MES POTES... JE NE PEUX PAS TOUS LES LARGUER !
— C'EST EUX OU MOI ! SI TU NE FAIS PAS TABLE RASE, JE DÉMISSIONNE !

Case 2: — TU N'EN AS PAS MARRE DE CE CHANTAGE ? TU MENACES DE DÉMISSIONNER TOUTES LES SEMAINES DEPUIS 5 ANS !

Case 3: — PEUT-ÊTRE... MAIS C'EST GRÂCE À ÇA QUE TU ES AUX PORTES DU POUVOIR !

Case 4: — PARLE-MOI PLUTÔT DU DISCOURS... TU ÉVITES LES VIEILLES MILITANTES PERMANENTÉES DERRIÈRE MOI, HEIN ?
— CELLES À QUI TON PÈRE METTAIT LA MAIN AUX FESSES ?

Case 5: — ET JE PARLE DE L'EURO SI JE GAGNE, FLO ?
— ÇA, C'EST LA MERDE... NOTRE ÉLECTORAT C'EST 20% DE FACHOS TRADITIONNELS, 40% D'ANTI-ISLAM ET 40% DE MISÈRE SOCIALE.

Case 6: — ET 100% DE RAS-LE-BOL DES AUTRES PARTIS !
— LE PROBLÈME C'EST QUE NOS BASTIONS DU NORD, CEUX DE LA SOUFFRANCE SOCIALE, SONT POUR LA SORTIE DE L'EURO ET NOS BASTIONS DU SUD, CEUX DES COMMERÇANTS PETITS PROPRIÉTAIRES ANTI-ISLAM, SONT CONTRE !

Case 7: — FAISONS COMME D'HAB... ON RESTE DANS LE FLOU !
— ET ARRÊTE UN PEU DE TWEETER, QUOI !

Case 8: — J'AI LES PREMIERS SONDAGES PLUS TÔT QUE PRÉVU !

COMMENT EN ES-TU ARRIVÉ LÀ AVEC TA FILLE ? TU ES UN VIEUX FACHO IMPOSSIBLE MAIS ELLE TE VOUAIT UNE TELLE ADMIRATION !
MA DOUCE PETITE DERNIÈRE... DÉJÀ QUE JE NE PARLE PLUS À MARIE-CAROLINE DEPUIS PRESQUE 20 ANS...
C'EST UNE TRISTE HISTOIRE...
TU TE RAPPELLES, SERGE... EN 1997 J'AVAIS ESSAYÉ DE L'IMPOSER AU COMITÉ CENTRAL. LES MÉGRÉTISTES N'EN AVAIENT PAS VOULU. CELA A PRÉCIPITÉ LA SCISSION...
NON À LA DÉRIVE MONÉGASQUE DU FN !
CONGRÈS FRONT NATIONAL
STRASBOURG 1997
QUAND MARIE-CAROLINE A CHOISI MÉGRET, MARINE M'EST RESTÉE FIDÈLE.
MARINE LE PEN
CURRICULUM VITAE
NÉE LE 5 AOÛT 1968 À NEUILLY
-HÉRITIÈRE
1998 DIRECTRICE JURIDIQUE DU FN
1998 CONSEILLÈRE RÉGIONALE DU FN
2000 MEMBRE DU BUREAU POLITIQUE DU FN
2003 VICE-PRÉSIDENTE DU FN
2004 DÉPUTÉ EUROPÉEN ET PRÉSIDENTE DE GROUPE AU CONSEIL RÉGIONAL D'ÎLE-DE-FRANCE
merci papa
YANN REFUSANT DE FAIRE DE LA POLITIQUE, JE N'AVAIS PLUS QU'ELLE POUR REPRENDRE LE FLAMBEAU...
JE LUI AI TOUT DONNÉ !
GOLLNISCH QUI CONVOITAIT MA SUCCESSION M'EN AVAIT BEAUCOUP VOULU DE LA FAVORISER À CE POINT...
QUE TU L'IMPOSES SUR TOUS LES PLATEAUX TÉLÉ C'EST UNE CHOSE, MAIS ELLE DÉBARQUE DE NULLE PART ALORS QUE J'AI UNE VIE D'ENGAGEMENT DERRIÈRE TOI ! C'EST INJUSTE ET TU PRENDS UN RISQUE IMMENSE !
TU M'EMMERDES, BRUNO...
C'EST MON PARTI ! JE FAIS CE QUE JE VEUX !

EN 2004, ELLE A COMMENCÉ À CHANGER... RELOOKING, MAQUILLAGE, COUPE DE CHEVEUX, RÉGIME. ELLE FAISAIT COMME TOUS LES AUTRES...
ET PUIS, IL Y EUT LE PREMIER INCIDENT...
L'INTERVIEW DANS RIVAROL ?
PUTAIN, C'EST PAS POSSIBLE. CE N'EST PAS VRAI, IL LE FAIT EXPRÈS !
2005 7 JANVIER
LE PE
RIVAROL
ÉCOUTE ÇA, BRUNO :
"EN FRANCE, L'OCCUPATION ALLEMANDE N'A PAS ÉTÉ PARTICULIÈREMENT INHUMAINE", "SUR LE DRAME D'ORADOUR-SUR-GLANE, IL Y AURAIT BEAUCOUP À DIRE..."
TON PÈRE VA RUINER TOUS NOS EFFORTS, MARINE !
PARLER DE LA SECONDE GUERRE MONDIALE NE NOUS APPORTE RIEN ! J'AI AUTRE CHOSE À FAIRE QUE DE SACRIFIER MA VIE À DÉFENDRE UN PARTI QUI NE CHERCHE PAS À ÊTRE DÉFENDU !
EUH... JE N'AI PAS RELU...
JE MAINTIENS QUE L'OCCUPATION DE LA FRANCE A ÉTÉ LA MOINS DOULOUREUSE DE TOUS LES PAYS EUROPÉENS ET SUR ORADOUR, JE PRÉFÈRE NE PAS EN DIRE PLUS...
CETTE FOIS JE DÉMISSIONNE ! RAS-LE-BOL !
Marine

MARINE A CLAQUÉ LA PORTE DE MONTRETOUT ET S'EST RÉFUGIÉE À LA TRINITÉ. ON NE L'A PLUS REVUE AU FRONT PENDANT DES MOIS... J'AI TENTÉ DE ME JUSTIFIER...
TON PÈRE A DÉCLARÉ AU NOUVEL OBS "QU'UN FRONT GENTIL ÇA N'INTÉRESSAIT PERSONNE... QUE TU ÉTAIS BIEN GENTILLE MAIS QUE TA STRATÉGIE DE DÉDIABOLISATION ÇA N'APPORTAIT RIEN"!
PUISQUE C'EST COMME ÇA, JE ME PRÉSENTE CONTRE GOLLNISCH À LA PRÉSIDENCE DU FN ! ET JE VAIS ÉCRIRE UN LIVRE!
FINALEMENT, ON S'EST RÉCONCILIÉS...
PIPIP
PIP
PIP
GARDONS TOUT NOTRE AMOUR QUOI QU'IL ARRIVE. TU ES MON PÈRE JE T'AIME ET NE TE FERAI JAMAIS DE MAL
JE CROIS QU'ELLE S'EST LIBÉRÉE DE MOI À CE MOMENT-LÀ. ELLE A PU PENSER À SON PROPRE DESTIN. JE L'AI NOMMÉE DIRECTRICE STRATÉGIQUE DE MA CAMPAGNE PRÉSIDENTIELLE DE 2007...
PLUS DE DÉRAPAGES, HEIN ?
MA FILLE... SI TU VEUX DEVENIR PRÉSIDENTE DU FN, TU VAS DEVOIR APPRENDRE L'INGRATITUDE...
VRRRR
JE N'IMAGINAIS PAS QU'ELLE RETIENDRAIT SI BIEN CETTE LEÇON...ENSUITE ELLE EST DEVENUE ACCRO AUX MÉDIAS...
MARINE LE PEN, VOUS VENEZ DE PUBLIER À CONTRE FLOTS, UN LIVRE TRÈS PERSONNEL...

EN 2007, SARKOZY M'A ESSORÉ À LA PRÉSIDENTIELLE... LE PARTI ÉTAIT EXSANGUE ET J'AVAIS 79 ANS. UNE PAGE S'EST TOURNÉE...
ELLE S'EST ENTOURÉE DE NOUVEAUX CONSEILLERS PAR L'INTERMÉDIAIRE DE PAUL-MARIE COÛTEAUX...
MARINE, JE VOUS PRÉSENTE FLORIAN PHILIPPOT, UN BRILLANT ÉNARQUE QUI VIENT DE CHEZ CHEVÈNEMENT... JE SUIS SÛR QUE VOUS FEREZ DE GRANDES CHOSES ENSEMBLE !
1- VIRER PAPA DE LA PRÉSIDENCE (POUR SON BIEN)
2- VIRER LES BEAUFS DU PARTI
3- S'INSTALLER À SAINT-GERMAIN-DES-PRÉS
4- PRENDRE LE PAYS
N'AYANT JAMAIS RIEN PU LUI REFUSER, J'AI CONTINUÉ À L'IMPOSER AU SEIN DU PARTI. LE 16 JANVIER 2011, CE FUT SON TRIOMPHE... J'EN AI PLEURÉ.
MARINE LE PEN EST ÉLUE PRÉSIDENTE DU FRONT NATIONAL AVEC 67,25 % DES VOIX ! JEAN-MARIE LE PEN SERA NOTRE PRÉSIDENT D'HONNEUR !
DE TEMPS EN TEMPS, JE LUI FAISAIS UNE PETITE BLAGUE...
MOI JE CROIS QUE MA FILLE A EU TORT D'EXCLURE ALEXANDRE GABRIAC POUR UN PETIT SALUT NAZI DE RIEN DU TOUT...
LCI
LES MOIS PASSÈRENT ET ON M'OUBLIAIT. LORSQUE QUE JE ME RENDAIS AU SIÈGE DU FN, MARINE ME FAISAIT POIREAUTER COMME N'IMPORTE QUEL PÉQUIN...
MARINE LE PEN PRÉSIDENTE

C'EST ÉTRANGE... ELLE DÉFEND SON PÈRE DEPUIS L'ENFANCE ; ELLE S'EST LANCÉE EN POLITIQUE POUR LUI... ET ELLE LE MALTRAITE !
C'EST COMME SI ELLE DÉCOUVRAIT SOUDAIN QU'IL EST AFFREUSEMENT D'EXTRÊME DROITE !
JE LUI FAIS HONTE... ET SA NOUVELLE ÉQUIPE DE GOLDEN BOYS BIEN PROPRES SUR EUX ME PREND DE HAUT... IL FAUT QUE JE LES EMMERDE. JE VAIS EN SORTIR UNE BIEN SALE...
LE SITE DU FN.fr
BRUEL ? ON VA FAIRE UNE FOURNÉE AVEC LUI...
POUR LA PREMIÈRE FOIS, LA CHAIR DE MA CHAIR M'A CONDAMNÉ PUBLIQUEMENT... JE N'ATTENDAIS POURTANT QU'UN PEU DE CONSIDÉRATION DE MA FILLE...
ELLE A LÂCHÉ SES CANICHES SUR MOI...
ILS M'ONT PUNI EN ME PRIVANT D'EXPRESSION SUR LE SITE DU FN. C'ÉTAIT EN JUIN 2014.
C'EST UNE FAUTE POLITIQUE...
DONT LE FN SUBIT LES CONSÉQUENCES !
C'EST STUPIDE POLITIQUEMENT...
ET CONSTERNANT !
JEAN-MARIE LE PEN FERAIT BIEN DE PRENDRE SA RETRAITE. C'EST INTOLÉRABLE !
UNE DÉCLARATION POUR L'AFP ?
OH OUI !
ALIOT ET COLLARD SONT DES IMBÉCILES ET LA FAUTE POLITIQUE EST CELLE DE MADAME LE PEN !
CES ARRIVISTES N'ÉTAIENT MÊME PAS NÉS QUAND TU AS FONDÉ LE FRONT !
ELLE ÉTAIT DE PLUS EN PLUS DURE AVEC MOI ET DE PLUS EN PLUS FASCINÉE PAR PHILIPPOT...
MERCIIII... TU ES SI CULTIVÉ, FLO !
ET VOILÀ LES LIVRES QUE TU DOIS LIRE.
ET LES FILMS QUE TU DOIS VOIR...
CHAVEZ MON HÉROS
CASTRO MON AMOUR
DE GAULLE
CHEVÈNEMENT
ÉRIC ZEMMOUR

Et puis, en septembre 2014, Marine a quitté Montretout pour La Celle-Saint-Cloud...

ARTÉMIS?

ARTÉMIS?

PAPA... TU N'AURAIS PAS VU MON ADORABLE PETIT CHAT?

OH MERDE...

PROTOCOLE DES SAGES DE SION

..."APRÈS UN FÂCHEUX INCIDENT...

SERGENT MAJOR

Moi j'ai emménagé à Rueil chez Jany... mais notre maison a brûlé en janvier 2015. Du coup, j'ai vécu chez mon petit trésor durant un mois.

MAIS L'ACCUEIL FUT GLACIAL...

JE LUI DOIS BIEN ÇA, LOUIS... JE NE VAIS PAS L'ABANDONNER DANS UNE MAISON DE VIEUX.

CLOSER

GALA

Le pire fut de cohabiter avec ce benêt d'Aliot...

GROUMPF

BJOUR

ALGÉRIE FRANÇAISE

MA PROPRE FILLE ME BATTAIT FROID. JE RUMINAIS...

C'EST INCROYABLE...

IL BAVE SUR NOUS DANS LA PRESSE...

FRANCE

BELGIQUE

ET QUAND JE RENTRE IL A LES PIEDS SOUS LA TABLE POUR LE DÎNER!

LE NOUVEL OBS

"CE MONSIEUR PHILIPPOT A QUAND MÊME UNE TRÈS HAUTE OPINION DE LUI-MÊME. C'EST UN ÉNARQUE, QUOI."

MA PETITE DERNIÈRE, LA PRUNELLE DE MES YEUX, ÉTAIT SI PRESSÉE DE ME VOIR PARTIR QU'ELLE M'A TROUVÉ UNE LOCATION...

AU REVOIR, PAPA...

TU SAIS... JE PEUX TE FAIRE UN DÉTAIL PAR JOUR!

LE TRAVAIL DE SAPE AVAIT COMMENCÉ... MARINE DOUTANT EN PERMANENCE D'ELLE-MÊME, ELLE AVAIT BESOIN D'ÊTRE RASSURÉE ET GUIDÉE...
IL FAUT SORTIR DE L'EUROPE, DE L'EURO, DU MONDE ET DÉBAPTISER LE FN !
WAOUH ! C'EST PUISSANT !
ASSERIE LIPP
CE QU'ELLE RACONTAIT AUX JOURNALISTES ME REVENAIT AUX OREILLES...
LE PEN N'EST PLUS DANS LA LIGNE DU PARTI. LA LIGNE DU PARTI, C'EST MOI. MAIS IL CONTINUE TOUT DE MÊME. EST-CE DE LA JALOUSIE ? DE LA PROVOCATION ? J'AI RENONCÉ À COMPRENDRE.
LE POINT
En fait, la ligne du parti était surtout devenue celle du chevènementiste...
ALOOORS... ON A QUOI, AUJOURD'HUI ?
7 H50 FRANCE INTER
8 H30 LCI
12 H00 CANAL+
16 H00 EUROPE 1
20 H30 DES PAROLES ET DES ACTES
ET ON EN ARRIVE AU 2 AVRIL 2015... IL A FALLU QUE TU REVIENNES SUR LE DÉTAIL ! T'ES VRAIMENT TROP CON !
UN FN QUI NE POLÉMIQUE PLUS, C'EST UN FN DANS L'ESTABLISHMENT !
Et puis, je devais trouver un moyen d'exister, quoi...
JE NE REGRETTE RIEN !
LES CHAMBRES À GAZ SONT UN DÉTAIL DE LA GUERRE ET IL Y A DE FERVENTS PÉTAINISTES AU FN !
D'ACCORD, SERGE... J'AI DÉCONNÉ ! MAIS LA FILLE QUE J'AI ÉLEVÉE, QUE J'AI RECUEILLIE AU FN, NOMMÉE À TOUTES SES FONCTIONS, INSTALLÉE À LA TÊTE DU PARTI... ELLE M'A MASSACRÉ À 87 ANS !
MARINE M'A TUER
DU CALME, JEAN-MARIE...

JE M'OPPOSERAI À L'INVESTITURE DE JEAN-MARIE LE PEN COMME CANDIDAT AUX RÉGIONALES EN PACA.
ELLE M'A MASSACRÉ, JE TE DIS...
ÇA VA ALLER, ON VA BOIRE UN CAFÉ.
ÇA M'A BRISÉ LE CŒUR. DU COUP, POUR PRÉSERVER LE PARTI, JE NE ME SUIS PAS PRÉSENTÉ CONTRE MA CHÈRE MARION. PAR CONTRE, JE ME SUIS LÂCHÉ POUR RÉPONDRE À COLLARD QUI AVAIT OSÉ M'ATTAQUER !
FERME DONC TA GUEULE ESPÈCE DE COLLARD
6674 2159
Retweet J'aime
PUIS, RIVAROL M'A INTERVIEWÉ POUR SON ÉDITION DU 9 AVRIL 2015...
ON A ÉTÉ TRÈS SÉVÈRE AVEC PÉTAIN À LA LIBÉRATION ! VALLS ? UN TRÈS PETIT MONSIEUR... MOI JE SUIS FRANÇAIS DEPUIS 1000 ANS ! LES HOMOSEXUELS ? IL Y EN A UN ASSEZ GRAND NOMBRE AU FN. CELA A UNE CONSÉQUENCE POLITIQUE DIRECTE SUR LA DOCTRINE DU FRONT !
CERTAINS ONT BIEN PROFITÉ DE LA SITUATION ! JE PRÉFÈRE CROIRE QUE MON PETIT ANGE A ÉTÉ MANIPULÉ...
TON PÈRE DÉTRUIT DES ANNÉES DE DÉDIABOLISATION... TU DOIS LE VIRER SINON JE DÉMISSIONNE ! C'EST L'OCCASION !
JUSQU'À SA MORT, LE PEN ME FERA CHIER !
La chasse au Jean-Marie était ouverte pour les Philippot-Boys... Marine a laissé faire.
TWEETEZ ET RETWEETEZ SUR LA RÉPROBATION GÉNÉRALE DU VIOQUE !
ON L'ACHÈVE !
VOUS POUVEZ Y ALLER, IL N'A MÊME PAS INTERNET SUR SON TÉLÉPHONE !

Philippot allait pouvoir récupérer le parti que j'avais mis 40 ans à construire. Je suis allé chez mes amis de Radio Courtoisie.
MON DIEU QU'ON EST SEUL QUAND ON EST SUR LA CROIX. JE N'AI PAS DE LEÇON DE POLITIQUE À RECEVOIR DE PERSONNES DONT LES PAPAS ÉTAIENT SÛREMENT CACHÉS SOUS LEUR LIT DURANT L'OCCUPATION.
RADIO COURTOISIE
J'AI UN CŒUR HUMAIN MAIS JE SUIS CUIRASSÉ CONTRE LES TRAHISONS ET L'INGRATITUDE...
LE PEN ANÉANTIT NOTRE STRATÉGIE D'OUVERTURE.
PLUS LE CHOIX. SI NOUS VOULONS LE POUVOIR, IL FAUT L'ÉCARTER ! PRÉVENEZ TF1 QUE J'ACCEPTE LEUR INVITATION !
Le parricide eut lieu en direct, le 9 avril 2015 au journal de 20H sur TF1...
JE M'OPPOSE À LA CANDIDATURE DE JEAN-MARIE LE PEN EN PACA, J'ENGAGE UNE ACTION DISCIPLINAIRE CONTRE LUI ET IL DEVRAIT METTRE UN TERME À SES RESPONSABILITÉS POLITIQUES !
DIS FLORIAN, TU NE CROIS PAS QUE LES GENS VONT HÉSITER À VOTER POUR UNE FILLE QUI A TRAHI SON PÈRE ?
MAIS NON, MARINETTE... ON VA FAIRE DE LA COM !
On m'a raconté qu'ensuite, elle est allée dîner au restaurant. L'habillage marketing était brillant...
LES FRANÇAIS VERRONT L'ACTE COURAGEUX D'UNE FEMME QUI PLACE LES INTÉRÊTS DE LA FRANCE AU-DESSUS DE TOUT.
LES MILITANTS EN ONT MARRE DES DÉRAPAGES... TU AS BIEN FAIT. TON PÈRE EST EN ROUE LIBRE, JALOUX DE NOS SUCCÈS !

LA GUERRE NUMÉRIQUE A CONTINUÉ... L'APPAREIL DU FRONT S'EST TRANSFORMÉ EN ROULEAU COMPRESSEUR ET MON CHAGRIN ÉTAIT IMMENSE...
la guerre numérique continue... l'app
LE THÈME DE LA SOIRÉE : MARINE A L'ÉTOFFE D'UNE FEMME D'ÉTAT ET JEAN-MARIE DOIT VITE PRENDRE SA RETRAITE !
TIP TIP TIP TIP TIP TIP TIP TIP TIP TIP
TU TE RENDS COMPTE, SERGE ? ME RETIRER MON TITRE ? M'EXCLURE D'UN PARTI QUE J'AI CRÉÉ !!! JE ME SUIS DÉFENDU COMME J'AI PU...
DES BARONNETS FRÉTILLENT POUR ME PRENDRE MA PLACE ? MAIS BEAUCOUP, SANS JEAN-MARIE LE PEN, NE SERAIENT MÊME PAS DUPONT-AIGNAN
C'EST DE LA PURE PERVERSITÉ, DE LA MÉCHANCETÉ DE MARINE LE PEN. C'EST UNE FÉLONIE. JE RÉPUDIE MA FILLE ET LUI DEMANDE DE ME RENDRE MON NOM ELLE A LA POSSIBILITÉ DE LE FAIRE EN SE MARIANT AVEC MONSIEUR PHILIPPOT
MARINE S'EST FAIT RETOURNER LE CERVEAU PAR MONSIEUR PHILIPPOT. DÉSORMAIS ELLE VEUT REMPLACER LES VIEUX CONS PAR DE JEUNES TROUS DU CUL
MARINE A FAIT PIRE QUE LE FÉLON MÉGRET
JE N'AI PAS DE LEÇONS À RECEVOIR DES MIGNONS QUI ENTOURENT MA FILLE
LE 20 AVRIL, J'AI FINI À L'HÔPITAL À LA SUITE D'UN ACCIDENT CARDIAQUE...
Le 1er mai, j'ai mis ma plus belle parka et je me suis invité lors du défilé du Front que j'ai inventé et dont ma fille m'a privé...
1 MAI 2015

JEAN-MARIE LE PEN, C'EST NOTRE PETITE FEMEN À NOUS !
CE N'EST PAS CORRECT CE QU'ELLE T'A FAIT. ELLE TE DOIT TOUT ! ELLE N'AVAIT PAS BESOIN D'ALLER AUSSI LOIN ! ELLE SACRIFIE SON PROPRE PÈRE POUR OBTENIR LE POUVOIR !
MARINE N'EST PAS ASSEZ GÉNÉREUSE. ELLE NE PENSE PLUS QU'À SA CARRIÈRE...
MON AVOCAT AINSI QUE SAMUEL MARÉCHAL, LE PÈRE DE MARION, ONT TOUT FAIT POUR ADOUCIR MARINE MAIS ELLE A ÉTÉ IMPITOYABLE. ELLE N'A MÊME PAS RÉPONDU À MON APPEL PUBLIC...
TU TE RENDS COMPTE !
MARINE, PARLONS-EN !
LCI
Ma santé déclinant, je n'ai pas pu mener une guerre. Je n'en avais plus la force...

— MA PROPRE FILLE, SERGE... TU TE SOUVIENS DE CE QUE MA BLONDINETTE CHÉRIE ÉCRIVAIT, DANS SON LIVRE, EN 2006 ?

MARINE LE PEN — MORCEAUX CHOISIS et CITATIONS DIVERSES

« J'AI LONGTEMPS VÉCU DANS LA PEUR QU'IL LUI ARRIVE QUELQUE CHOSE... JE SUPPOSE QUE JE N'ARRIVERAI JAMAIS À ME LIBÉRER DE CETTE PEUR POUR LUI INSCRITE DANS LA PEUR DE LA PETITE ENFANCE »

« IL FUT DÈS MON ADOLESCENCE, FLAGRANT POUR MOI QUE CE QU'ON PRÉTENDAIT DE LUI, RACISTE, ANTISÉMITE, FASCISTE, ÉTAIT FAUX »

« JE PEUX FAIRE AVEC, JE PEUX FAIRE SANS, MAIS JE NE PEUX PAS FAIRE CONTRE JEAN-MARIE LE PEN »

FRONT NATIONAL — EXCLUSION

« JE DOIS TOUT À MON PÈRE, L'HOMME DE MA VIE »

« JE T'AIME ET NE TE FERAI AUCUN MAL »

7 MAI 2017, 17 H 15...
49,5 %
ON EST À UN CHEVEU DE L'ÉLYSÉE !
VU LA MARGE D'ERREUR, UN DEMI-POURCENT ÇA VEUT RIEN DIRE !
LA NULLITÉ DES POLITIQUES,
LES CRISES ÉCONOMIQUES
ET IDENTITAIRES,
LES MIGRANTS,
LE DÉCLIN,
LA PEUR...
ON Y EST ARRIVÉ !
MAIS... TU REFUMES, MARINOUCHETTE ?
TOUT LE MONDE AU SIÈGE ! ACCORDEZ-MOI UNE HEURE DE DÉTENTE ET JE VOUS Y RETROUVE...
PENDANT CE TEMPS-LÀ, AU PREMIER ÉTAGE DE LA BRASSERIE LA ROTONDE, BOULEVARD DU MONTPARNASSE, OÙ DEPUIS JANVIER 2015 SE RETROUVENT, UNE FOIS PAR MOIS, ÉRIC ZEMMOUR, PHILIPPE DE VILLIERS ET PATRICK BUISSON...
EXCELLENTE IDÉE DE NOUS RÉUNIR AVANT LA SOIRÉE ÉLECTORALE !
C'EST CE SOIR QU'IL FAUT MISER SUR L'AVENIR !
TU CROIS QU'ELLE VA ÊTRE ÉLUE ?
SLURP !

MOI J'AURAIS PRÉFÉRÉ LA PETITE MARION... AU MOINS ELLE EST CONTRE LE MARIAGE PÉDÉ.
ON DIT "POUR TOUS", ÉRIC !
FAIS GAFFE... IL NOUS ENREGISTRE PEUT-ÊTRE! ON SAIT JAMAIS AVEC LUI !
L'AVENIR C'EST WAUQUIEZ !
TU LE VOIS TOUJOURS ?
IL A PEUR DE SON OMBRE ET IL NE VEUT PAS ÊTRE VU AVEC MOI. MAIS IL ME TÉLÉPHONE, OUI !
C'EST LE SEUL QUI OSE...
... APPELER UN CHAT UN CHAT ET IL EST MAIRE DU PUY-EN-VELAY... ÇA RESPIRE LES BONNES RACINES CHRÉTIENNES !
IL DOIT S'EMPARER DU PARTI ET PARLER DU GRAND REMPLACEMENT DU PEUPLE FRANÇAIS PAR LES ÉTRANGERS !
EN 2022 CE SERA LE THÈME !
ÇA... C'EST PAS SARKO QUI EN PARLERA ! JE CROIS QUE JE LUI MANQUE... J'AI TOUJOURS PENSÉ QUE CET HOMME NE CONNAISSAIT PAS LA FRANCE... D'AILLEURS, EST-IL VRAIMENT FRANÇAIS ?
AU MOINS, ON EST SÛR QUE 2022 NE SERA PAS POUR CE BOBO DE JUPPÉ ! ON LE DIT MOINS ARROGANT MAIS MOI JE SAIS QU'IL EST TOUJOURS MONTÉ SUR DES ÉCHASSES !
"L'ÉTERNEL NUMÉRO DEUX", DISAIT CHIRAC...
MULTICULTURALISTE, ÉCOLOGISTE, EUROPÉEN... TOUT CE QU'ON AIME !
ET SI ON PARIAIT SUR NKM ?
AH AH AH AH !
NKM !!! AH AH AH !
AH AH AH AH !
LA BONNE BLAGUE !

AU MÊME MOMENT, À QUELQUES RUES DE LÀ...
AH C'EST CARRÉMENT PAS MAL LES MILITANTS CHAUFFEURS !
SI ON EST ÉLUS...
... IL VA Y AVOIR DES COMPTES À RÉGLER. IL FAUT SE PRÉPARER BRUNO !
FLO?!
MAIS... ÇA VA PAS ???
TA MOQUETTE !
BORDEL FLO ! T'AS AUSSI FAIT INSTALLER UN COFFRE-FORT DANS TA BAGNOLE ?!!
EH EH...
GÉNIAL ! LES FICHES DE TOUS NOS ENNEMIS !
TU NOUS EN SORS UNE OU DEUX POUR RIGOLER ?
SARKO, MÉLENCHON, CHAUPRADE ?
J'AI TOUT CE QUE TU VEUX !

MARINE ? ELLE EST INCULTE. IL N'Y A RIEN D'INTELLIGENT CHEZ CETTE FIFILLE ! ELLE EST NULLE, ELLE NE FAIT QU'ABOYER !
LE PARISIEN
MARINE ? C'EST UNE SEMI-DÉMENTE !
COMMENT RÉAGISSEZ-VOUS À VOTRE EXCLUSION DU FN, MONSIEUR CHAUPRADE ?
VOUS NE POUVEZ PAS IMAGINER À QUEL POINT MARINE SAIT MENTIR ! LES LE PEN, ILS S'EN FOUTENT DES AUTRES. ILS LEUR MARCHENT DESSUS ET NE S'EN RENDENT MÊME PAS COMPTE !
AH OUI ? ET PHILIPPOT ALORS ?
C'EST SON RESPIRATEUR ARTIFICIEL. IL LUI FOURNIT SA CAME : LES COMMENTAIRES DE L'ACTU !
ELLE LUI CÈDE SUR TOUT...
...Y COMPRIS LE PLUS ÉNORME :
TUER SON PROPRE PÈRE !
UNE BONNE COMMUNICANTE QUI NE SAIT PAS COMMENT MARCHE L'ÉCONOMIE...
TOUT DANS LA COM, RIEN DANS LE FOND !
SES IDÉES SONT DÉMAGOGIQUES, IRRESPONSABLES ET PERNICIEUSES. SON ÉLECTION SERAIT UN DRAME POUR LE PAYS.

JE VEUX VOIR CELLE DE VALLS ! ET DE RUQUIER ! ET DE CHRISTINE AND THE QUEENS !
ATTENDS ! Y'A PLUS URGENT... SI ON EST ÉLUS IL FAUDRAIT PAS QU'ON NOUS GÂCHE LA FÊTE !
CONVOQUE COLLARD !
DÉBRIEFING SUR "LES AFFAIRES" DANS DIX MINUTES !
VAN RUYMBEKE
"SI MAMAN SIIII, SI MAMAN SI, MAMAN SI TU VOYAIS MA VIE..."
"JE PLEURE COMME JE RIIIIIS, SI MAMAN SI."
ALORS VLADIMIR, QUELLES SONT LES NOUVELLES ?
TU AS BIEN FAIT DE ROMPRE AVEC L'EUROPE... UN RAMASSIS DE DIRIGEANTS ÉMASCULÉS ! J'AI BIEN NIQUÉ LES UKRAINIENS GRÂCE À TOI !
LES EUROPÉENS NE VOULAIENT PLUS ME PARLER DE TOUTE FAÇON...

ELLE A DE LA GUEULE, LA NOUVELLE POLITIQUE ÉTRANGÈRE DE LA FRANCE, NON ?!
OUAIP ! LA SEMAINE PROCHAINE ON REÇOIT TES COPAINS DU HEZBOLLAH, FRÉDÉRIC...
VIVE BACHAR !
ÇA SORT DE L'IMPRIMERIE ! LE NOUVEAU BILLET DE 100 FRANCS À L'EFFIGIE DE LA PUCELLE ! AVEC ÇA, ON VA CONQUÉRIR LE MONDE !
100
"MAIS MON AVENIR RESTE GRIS, ...
... ET MON CŒUR AUSSI."
MAÎTRE COLLARD VOUS ATTEND...

- Vous vouliez me voir...
- T'as vu les chiffres ? Tu seras peut-être le prochain garde des sceaux !
- Et on voudrait pas que les affaires en cours nous explosent à la figure !
- Je vois... vous avez besoin de mon génie !
- Le plus ennuyeux, c'est l'affaire du financement des campagnes électorales de 2012...
- C'est notre petit Bygmalion à nous ! Van Ruymbeke reproche à Chatillon d'avoir surfacturé ses prestations pour que le FN puisse empocher davantage de l'état... y'en a pour des millions !
- Le FN est mis en examen avec sept de nos dirigeants. Marine n'est que témoin assisté.
- Je crois que j'ai la solution...
- On se débarrasse de Van Ruymbeke avec une promotion qu'il ne pourra refuser... président de la Cour pénale internationale !
- Ah cool !
- Ça fait quand même mal au cul... mais on s'en fout, on respectera pas les décisions de cette juridiction mondialisée !

IL Y A AUSSI L'ENQUÊTE DU PARQUET DE PARIS SUR LES ASSISTANTS PARLEMENTAIRES DE NOS DÉPUTÉS EUROPÉENS QUI, EN FAIT, AURAIENT TRAVAILLÉ POUR LE PARTI...
ENQUÊTE PRÉLIMINAIRE DU 30 MARS 2015 PRÉJUDICE ESTIMÉ PAR BRUXELLES: 7,5 MILLIONS €
L'ÉQUIVALENT DES EMPLOIS FICTIFS DE LA MAIRIE DE PARIS ?
C'EST ÇA !
ET LES ENQUÊTES POUR BLANCHIMENT DE FRAUDE FISCALE CONTRE JEAN-MARIE, SES LINGOTS D'OR ET SES FONDS EN SUISSE...
HSBC ÎLES VIERGES JMLP TRACFIN GÉRALD GÉRIN UBS
ÇA, C'EST RIEN... LE PUBLIC FAIT LA DIFFÉRENCE ENTRE NOUS ET LE VIOQUE !
OUAIS, ENFIN QUAND MÊME...
POUR ARRANGER ÇA, IL FAUDRAIT NOMMER UN PROCUREUR BIEN SYMPA...
ÇA RÉSOUDRAIT AUSSI LE PROBLÈME DE L'ENQUÊTE SUR LE PATRIMOINE IMMOBILIER DE MARINE QU'ELLE AURAIT SOUS-ÉVALUÉ DANS SA DÉCLARATION DE 2014 À LA HAUTE AUTORITÉ POUR LA TRANSPARENCE...
AH MERDE, J'AVAIS OUBLIÉ ÇA...
ET LES PANAMA PAPERS ?
LES COMPTES OFFSHORE À HONG-KONG, SINGAPOUR, AUX ÎLES VIERGES ET AU PANAMA, ÇA NE CONCERNE QUE CHATILLON, PAS LE FN...
ÇA PUE QUAND MÊME... MARINE PASSE SON TEMPS À DÉNONCER "LE POUVOIR ET LA NUISANCE DE LA FINANCE MONDIALISÉE" ET CHATILLON EST NOTRE PRINCIPAL PRESTATAIRE...
...ET UN INTIME !
CHATILLON ! TOUJOURS CE CHATILLON !
TÊTE HAUTE MAINS PROPRES FN
PROMOTION DE VAN RUYMBEKE, NOMINATION D'UN NOUVEAU PROCUREUR À PARIS... VOILÀ CE QUE JE PROPOSERAI... SI JE SUIS GARDE DES SCEAUX !
ET CHATILLON, ON LE FOUT DEHORS !

7 MAI 2017, 18H 45...

ON A LES PREMIÈRES "SORTIES DES URNES", FLORIAN ?

MON CONTACT À BEAUVAU ME DONNE LES MÊMES CHIFFRES... ON EST À 50/50 ! LE DÉPOUILLEMENT VA ÊTRE LONG !

MARINE... C'EST L'HEURE. IL FAUT Y ALLER...

MADAME LE PEN... UNE DÉCLARATION ?

VOUS AVEZ DES CHIFFRES ?

VOUS ÊTES OPTIMISTE ?

CE SONT VOS HABITS DE PRÉSIDENTE ?

J'AI UNE HEURE POUR RÉVISER MES DÉCLARATIONS DE VICTOIRE ET DE DÉFAITE !

CE SERA UNE VICTOIRE !

VROOOOOO

61

19 H 15. ARRIVÉE AU QG DE CAMPAGNE.
RASCISTE!
À BAS LE FRONT DE LA HAINE
FACHO!
VOUS FAITES HONTE À LA FRANCE!
COLLABO!
PÉTAINISTE!
TU ES NOTRE ESPOIR!
MARINE PRÉSIDENTE!
LA FRANCE AUX FRANÇAIS!
MARINE D'ARC SAUVEUSE DE LA FRANCE
TF1
VIVE MARINE!
ON VA GAGNER!
DEMAIN À L'ÉLYSÉE!
HIP HIP HIP HOURRA!
F2 D.PUJADAS 19h22
F2 D.PUJADAS 19h22
DELAHOUSSE PUJADAS
TF1
D'APRÈS TOUT LES INSTITUTS, C'EST DANS UN MOUCHOIR DE POCHE!
HEIN? SI JE VEUX DE LA RATATOUILLE CE SOIR? MAIS... MAIS TU CROIS QUE J'AI QUE ÇA À FOUTRE, MOI ?!?
ON FAIT QUOI, MARINE?
NE LAISSONS PAS DE FAUTEUILS VIDES... MARION, STEEVE, GILBERT, BRUNO, VOUS ALLEZ SUR LES PLATEAUX TÉLÉ ET VOUS IMPROVISEZ!
FLORIAN ET LOUIS VOUS RESTEZ AVEC MOI.

C'EST PARTI POUR FRANCE TÉLÉVISIONS... JE PEUX VOUS POSER UNE QUESTION? SI VOUS ÊTES ÉLUS, VOUS N'ALLEZ PAS SUPPRIMER UBER, HEIN ?
BIEN SÛR QUE NON ! UBER C'EST L'AVENIR !
BIEN SÛR QUE SI ! UBER C'EST L'ESCLAVAGE !
JE TE PRÉVIENS, STEEVE... SI ON M'INTERROGE, JE NE SOUTIENDRAI PAS LA SORTIE DE L'EURO. JE NE PEUX PAS !
OK... OK... MAIS EN ÉCHANGE, ARRÊTE DE DÉCONNER AVEC LA LAÏCITÉ ET DE PARLER DE JÉSUS À TOUTES LES SAUCES !
BEN ÇA PROMET...
TU TE RAPPELLES, GILBERT... LE PROGRAMME C'EST LA BAISSE DE L'ÂGE DE LA RETRAITE À 60 ANS, L'AUGMENTATION DU SMIC ET DES IMPÔTS !
T'INQUIÈTE, BRUNO... JE SAIS FAIRE LE ZOZO DEPUIS CARPENTRAS !
AU MOINS, ON EST D'ACCORD POUR FERMER LES FRONTIÈRES AUX MIGRANTS !
AH OUI ! LA FRANCE DOIT RESTER CATHOLIQUE ! JÉSUS-CHRIST N'EST PAS VENU MOURIR SUR CETTE TERRE POUR QUE SON MESSAGE SOIT REMPLACÉ PAR CELUI DU PROPHÈTE MAHOMET.
ET MERDE ! DIRE QU'ON A ORGANISÉ UN SÉMINAIRE POUR NOUS ACCORDER SUR NOTRE PROGRAMME ET NOS ÉLÉMENTS DE LANGAGE...
HARIBO
5 FÉVRIER 2016 : SÉMINAIRE À HUIS CLOS DU FRONT NATIONAL AU COUNTRY CLUB D'ETIOLLES DANS L'ESSONNE...
MOI JE NE CONNAIS PAS LA DROITE, JE N'EN VIENS PAS ET JE N'Y COMPRENDS RIEN !

MAIS TU BLAGUES OU QUOI, MARINE ? NOTRE ÉLECTORAT VIENT À 80 % DE LA DROITE !
NON ! JE SUIS TRÈS SÉRIEUSE, GILBERT !
SI NOS ADVERSAIRES PARVIENNENT À NOUS CRÉER UNE IMAGE DE NÉO-COMMUNISTES, C'EST QU'IL N'Y A PAS DE FUMÉE SANS FEU !
L'ARRIVÉE AU POUVOIR
LES 35 HEURES ? SÉRIEUX ? TON PROGRAMME C'EST JUSTE DE LA FOLIE ! SI TU NE CHANGES PAS, TU PERDRAS LA PRÉSIDENTIELLE, SI TU CHANGES, TU AS UNE PETITE CHANCE !
MAIS MARINE... CE SÉMINAIRE C'EST PARCE QU'ON A FOIRÉ LES RÉGIONALES ET QUE 2017 APPROCHE. FAUT PEUT-ÊTRE CHANGER QUELQUE CHOSE ?
ON SORT DE L'EURO, DE L'EUROPE, ON NE TOUCHE PAS À L'IVG NI AU CODE DU TRAVAIL ! CE PROGRAMME EST LE MIEN ET CE SERA LE NÔTRE !
IL PARAÎT QUE LE PATRON DE LA CGT A LU UN DE NOS TRACTS AU BUREAU CONFÉDÉRAL SANS DIRE QU'IL ÉTAIT DE NOUS ET IL A ÉTÉ APPLAUDI ! TU TE RENDS COMPTE ?
DU TEMPS DU PÈRE, ON ADMIRAIT REAGAN ET THATCHER... JE CROIS QUE DANS L'HISTOIRE DE FRANCE, AUCUN PARTI N'A OPÉRÉ UN TEL REVIREMENT !
Philippe PENINQUE
Axel LOUSTEAU
MARINE EXIGE MÊME QU'HOLLANDE ACCORDE L'ASILE POLITIQUE À JULIAN ASSANGE ! SI J'AVAIS SU QUE JE FINIRAIS À LA GAUCHE DE MÉLENCHON...
HEUREUSEMENT IL Y A MARION... SI MARINE SE PLANTE À LA PRÉSIDENTIELLE OU AUX LÉGISLATIVES, CE SERA SANGLANT ET L'HEURE DE SA NIÈCE SONNERA !
AH, MARION...
SIX MOIS PLUS TÔT...

À PART STÉPHANE RAVIER, QUI LE PREMIER CHEZ NOUS A PARLÉ DU GRAND REMPLACEMENT ?
MARION !!! JE PEUX LA CITER : " UN EFFET DE SUBSTITUTION DES FRANÇAIS DE SOUCHE PAR UNE POPULATION NOUVELLEMENT IMMIGRÉE. "
BHL
ET QUI A DIT QUE LE GRAND REMPLACEMENT ÉTAIT UNE VISION COMPLOTISTE ?
MARINE !
OUOUOUOUOUH
ET QUI VEUT SUPPRIMER LES SUBVENTIONS AU PLANNING FAMILIAL ?
C'EST MARION !
ET QUI A OSÉ RÉPLIQUER QUE "CETTE SUPPRESSION N'ÉTAIT PAS DANS LE PROGRAMME DU FN" ?
MARINE !
ET PHILIPPOT !
ET CELLE QUE JE PRÉFÈRE DE MARION : "ON N'EST PAS FRANÇAIS SI ON NE VIBRE PAS AU SACRE DES ROIS DE FRANCE À REIMS ! "
LA CLASSE ! ET EN PLUS ELLE DIT QUE LE MARIAGE RELIGIEUX DOIT ÊTRE RECONNU SANS MARIAGE CIVIL ET ELLE CONDAMNE LA LAÏCITÉ !
LA LAÏCITÉ... HÉHÉ ... UN ATTRAPE-ÉLECTEUR-NIGAUD !
TU M'ÉTONNES ! LA LAÏCITÉ ÇA PAYE AUX ÉLECTIONS, MAIS HEUREUSEMENT QUE GOLLNISCH MILITE CONTRE L'INTERDICTION DU VOILE À L'ÉCOLE ET QUE MÊME PHILIPPOT DÉFEND LE CONCORDAT EN ALSACE-MOSELLE !

ET QUI PENSE QUE LA RÉFORME DU CODE DU TRAVAIL EST "INFÂME"?
PHILIPPOT! OUOOOUH!
ET QUI DIT QUE C'EST UNE NÉCESSITÉ?
TOUJOURS MARION!
JE NE M'Y RETROUVE PLUS DANS CETTE FAMILLE... LE PÈRE A ÉTÉ ULTRALIBÉRAL, LA FILLE EST MARXISTE ET LA NIÈCE CATHOLIQUE-INTÉGRISTE!
LE POINT COMMUN C'EST QU'ILS VEULENT TOUS ÊTRE PRÉSIDENTS!
OH PHILIPPE, IL EST TEMPS DE RÉAGIR! RÉVEILLE-TOI...
PARDON MARINE, MAIS LE FN NE PEUT PAS ÊTRE UNIQUEMENT UN PARTI SOUVERAINISTE ALORS QUE SON ADN EST IDENTITAIRE!
ON NE CHANGERA PAS NOTRE PROGRAMME SUR LE FREXIT.
C'EST COMME ÇA!
ET PRENDS DES COURS DE BIOLOGIE, AXEL. L'ADN, ÇA MUTE!
LAISSE TOMBER... Y A RIEN À FAIRE. MAIS IL Y A QUAND MÊME UNE BONNE NOUVELLE!
TU VEUX PARLER DU RETOUR DE JEAN-LIN? PUTAIN MAIS QUI S'APPELLE JEAN-LIN?!

NOM : JEAN-LIN LACAPELLE
ÂGE : 49 ANS
FONCTION : SECRÉTAIRE GÉNÉRAL ADJOINT DU FN
CURSUS : - AMI PERSONNEL DE MARINE LE PEN, FRÉDÉRIC CHATILLON ET AXEL LOUSTAU
- QUITTE LE FN EN 2010 POUR REJOINDRE LE GROUPE L'ORÉAL (DIRECTEUR COMMERCIAL)
- DE RETOUR AU FN DEPUIS JANVIER 2016
UN JOUR, MARINE FINIRA PAR SE LASSER DE FLORIAN. C'EST LE DESTIN DES NUMÉROS 2.
MISSION : - PROFESSIONNALISER LE FN
- FORMER DES CADRES
- OPTIMISER LE MARKETING POLITIQUE
- AMÉLIORER LA COMMUNICATION
POSITIONNEMENT : LIBÉRAL
MAIS MARINE, ON NE VEUT QUE T'AIDER... ON TEND LA MAIN ET ON REÇOIT DES BAFFES !
ÇA SUFFIT POUR AUJOURD'HUI... ON SE RETROUVE DEMAIN À 9 H !
ON MARCHE UN PEU, JEAN-LIN...
AVEC PLAISIR...
TU AS PARFAITEMENT TENU LES DÉBATS ! À PART MÉNARD, PERSONNE N'OSERA TE CONTESTER AVANT LA PRÉSIDENTIELLE...
DIS-MOI CE QUE JE DEVRAIS ENCORE CHANGER POUR AUGMENTER MES CHANCES... PARLE FRANCHEMENT !
TU ARRÊTES DE T'HABILLER À LA HALLE AUX VÊTEMENTS. LES FRANÇAIS VEULENT QUE LEURS DIRIGEANTS SOIENT BIEN VÊTUS.
PUISQUE TU N'AIMES PAS LES JUPES, CE SERA VESTE SOMBRE À ÉPAULETTES ET PANTALON BIEN COUPÉ.
IL VA FALLOIR REVOIR TA DÉMARCHE AUSSI...

BOMBE LE TORSE, TAPE LE SOL DE TON TALON QU'IL FAUDRA D'AILLEURS PRENDRE DEUX CENTIMÈTRES PLUS HAUT... ET FINI LES SACS DESIGUAL !
LA POLITIQUE C'EST COMME LA GRANDE DISTRIBUTION... IL FAUT BIEN PACKAGER LE PRODUIT !
TU DEVRAS AUSSI PERDRE QUELQUES KILOS ET MAÎTRISER TON AGRESSIVITÉ ENVERS LES JOURNALISTES... TU DOIS ÊTRE A-PAI-SÉE !
OK... ET MA DIÈTE MÉDIATIQUE ? BONNE STRATÉGIE ?
NE RIEN DIRE, ÇA ÉVITE LES DÉRAPAGES ET COMME TU ES SÛRE DE PARVENIR AU SECOND TOUR, PAS LA PEINE DE T'EXPOSER... C'EST CE QUE FAIT JUPPÉ.
MON RÊVE D'ÊTRE OPPOSÉE À LUI...
IL FAUDRA AUSSI PENSER À UN BLOG INTIME POUR ATTENDRIR LE PEUPLE...
MAIS TU FAIS GAFFE À PAS TOMBER DANS LE GNANGNAN, HEIN ?
JE M'EN OCCUPE !
J'AI DÉJÀ L'IDÉE DU NOM !
Carnets d'espérances

EUH... TU SAIS QUE TU TE PRÉSENTES PAS À LA PRÉSIDENCE DE LA SPA, HEIN ?!
À FORCE DE SE NORMALISER, ELLE VA FINIR EN UNE DE CLOSER EN MAILLOT DE BAIN.

7 MAI 2017, SECOND TOUR DE L'ÉLECTION PRÉSIDENTIELLE...
19 H 59 MIN 30 SEC.
DANS MOINS DE 30 SECONDES LE SCRUTIN SERA CLOS !
DIX
NEUF
HUIT
SEPT
SIX
CINQ
QUATRE
TROIS
France 2
DEUX
UN
LE PROCHAIN PRÉSIDENT OU LA PROCHAINE PRÉSIDENTE DE LA RÉPUBLIQUE SERA...

SCÉNARIO INCROYABLE ! IL EST IMPOSSIBLE À CETTE HEURE D'ANNONCER QUI EST LE OU LA GAGNANTE DE CETTE PRÉSIDENTIELLE !
SELON TOUS LES INSTITUTS DE SONDAGES, LES DEUX CONCURRENTS SONT AU COUDE À COUDE ! NOUS ALLONS DEVOIR ATTENDRE LE DÉPOUILLEMENT DES URNES POUR EN SAVOIR PLUS !
OUI LAURENT... VERS 23 HEURES AU PLUS TÔT !
france 2
C'EST LA PREMIÈRE FOIS QU'UNE PRÉSIDENTIELLE EST À CE POINT DISPUTÉE !
RAPPELEZ-VOUS, LE DUEL BUSH-GORE EN 2000. IL AVAIT FALLU UN MOIS ET PLUSIEURS RECOMPTAGES POUR QUE LA COUR SUPRÊME DÉCLARE BUSH VAINQUEUR !
NOUS ALLONS VIVRE ENSEMBLE CETTE SOIRÉE ÉLECTORALE EXCEPTIONNELLE !
SI ELLE EST ÉLUE, ELLE EST CAPABLE DE ME NOMMER AMBASSADEUR À KABOUL POUR SE DÉBARRASSER DE MOI...
SI CE N'EST PAS ELLE, PHILIPPOT LE FERA !
SON ÉLECTION, C'EST NOTRE PIRE CAUCHEMAR...
AU NOM DE LA QUENELLE FAITES-NOUS DES DONS
RETROUVONS TOUT D'ABORD NOS ENVOYÉS SPÉCIAUX AU SIÈGE DES DEUX CANDIDATS...
MAIS QU'EST-CE QUE TU FAIS, ALAIN ?
SI CETTE NATIONALE-TRAÎTRE-BOBO-ENJUIVÉE EST ÉLUE, JE FAIS ALLÉGEANCE À DAESH ! J'AI DÉJÀ TROUVÉ MON NOM... ABOU SORAL AL-PARISI.
GOY
ÇA EN JETTE ! GROSSE QUENELLE, ÇA ! GROSSE QUENELLE !

20H15 AU QG DE CAMPAGNE DU FN...
UNE DÉCLARATION POUR FRANCE 2 ET DAVID PUJADAS?
UN PRONOSTIC?
QUE VOUS INSPIRE CETTE SITUATION INÉDITE?
FN
MARINE LE PEN NE S'EXPRIMERA QU'APRÈS LES RÉSULTATS. NOUS SOMMES TRÈS SEREINS...
JE N'AI JAMAIS VU MARINE DANS CET ÉTAT. FAUDRAIT PAS QUE ÇA DURE...
OUI. ELLE M'INQUIÈTE UN PEU...
IL EST MAINTENANT 20H30...
...ET LES INSTITUTS DE SONDAGES SE REFUSENT TOUJOURS À DONNER UN GAGNANT!
2
Sur TF1 on fait du remplissage... j'ai rien à dire. Et toi, Marion ?
Elle est canon ! On échange de plateaux ?
La seule chance de ce pays de pas terminer en ruine serait que l'on perde les législatives !
Delahousse, pas mal. Par contre, je sens ke la Drucker m'M pas !
Blague à part, si Marine est élue c'est la Kta intersidérale avec son programme...
FRANÇAISES, FRANÇAIS...
MES CHERS COMPATRIOTES...

C'EST BON ! JE SUIS PRÊTE !

Marine Le Pen, présidente

Gagné !

Mes chers compatriotes,

Enfin ! Enfin par mon élection à la fonction suprême, le peuple de France retrouve son entière souveraineté ! Enfin. Grâce à notre historique victoire, j'ai maintenant la légitimité pour appliquer notre programme de conquête nationale. Enfin, cet élan populaire me donne la force de reprendre à la technocratie de Bruxelles l'ensemble des pouvoirs au peuple confisqué. Je vous le dis, dans quelques mois, cette Europe n'existera plus !

Enfin, après des décennies de corruption, le PS et les Républicains sont mis au ban de l'Histoire. Lâches et coupables qu'ils sont d'avoir bradé notre souveraineté nationale ! Cette élection est aussi leur procès. Mais ce soir, j'ai besoin d'être la Présidente de tous les Français, de tous les patriotes quel que soit leur vote. Je sais la difficulté qui m'attend, je mesure l'ampleur de la tâche. Dès la semaine prochaine, je me rendrai à Berlin pour dire à Madame Merkel que la France est de retour dans le jeu des Nations et que, malgré ses appels à voter contre nous, j'ai été élue Présidente par le peuple et pour le peuple ! Comme annoncé, nous éradiquerons cette machine folle qu'est l'euro, nous rétablirons nos frontières et nous les fermerons aux hordes migratoires. J'ai demandé à celui qui sera mon Premier ministre, Florian Philippot, de mener au plus vite ce projet grandiose. Pour cela, il nous faut une majorité de députés à l'Assemblée nationale. Votre mobilisation doit donc se poursuivre. Ne croyez pas ceux qui annoncent déjà une pluie de crapauds et le retour à l'ère glacière si d'aventure notre mouvement devenait majoritaire à l'Assemblée. Les relais de l'antiFrance et des élites bobo, réunis dans un pseudo front républicain que nous venons d'écraser sont encore vivaces. Quant aux jaloux et aux aigris de notre propre camp qui entendent saboter mon action, ce que je n'ignore pas, qu'ils sachent que je ne me laisserai pas intimider ! L'extrême droite c'est eux !
France, lève-toi et avance, crois au sursaut et porte dans ton cœur le souvenir de Jeanne et de la Résistance ! Les morts nous regardent, soyons à la hauteur de leur sacrifice. Je le serai, pour vous, pour la France.

Vive la République, vive la France !

Marine Le Pen, présidente — Perdu !

Mes chers compatriotes,

Le résultat de ce soir n'est pas une défaite, loin de là, mais une simple absence de victoire. Car malgré les calomnies, les mensonges et les fantasmes propagés par les forces maléfiques que sont le Parti socialiste, les Républicains et leurs affidés médiatiques, malgré les technocrates, les énarques et le système tout entier mobilisé contre nous, nous sommes arrivés au second tour de cette présidentielle et nous avons failli l'emporter. Un exploit ! Cette coalition d'euro-mondialistes au service de la finance internationale, qui n'a que faire des petites gens, a pu compter sur l'aide inattendue de nos ennemis de l'intérieur. Ceux qui ont choisi, par leur dissidence, de se mettre en marge du mouvement. Je leur dis ce soir : honte à vous ! Honte à vous, qui vous prétendez patriotes, d'avoir servi de marchepied aux ennemis de la patrie. L'histoire vous jugera sévèrement. Mais qu'importe. Notre bond électoral est une promesse qui nous oblige à ne pas dévier de notre ligne, la seule qui vaille pour la fierté et l'honneur de notre patrie. J'appelle donc chacune et chacun à l'unité dans la perspective des législatives de juin.

Mes chers compatriotes, nos candidats présents dans toutes les circonscriptions sont notre dernière chance d'avoir une représentation indépendante et courageuse à l'Assemblée nationale.

Français de gauche et de droite, ouvriers et chômeurs, artisans et paysans, nous serons à vos côtés dans la défense de vos intérêts.

Entrez dans l'espérance, n'ayez pas peur, ne vous laissez pas intimider par les prophètes de malheur.

Quant à vous, parlementaires de tous bords, copains et coquins, voyez cette vague bleu marine qui monte, entendez-la qui gronde et qui bientôt s'abattra sur vos prébendes. Place au peuple. La lutte continue. Ce n'est qu'une question de temps avant que notre glorieux combat triomphe. Ne soyez pas tristes mais plus déterminés que jamais. Merci à tous.

Vive la République, vive la France !

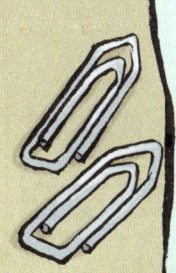

ON SERAIT PAS DANS LA MERDE, LÀ ? ON FINIT COMMENT ?
MOI JE NE DESSINE PAS MARINE LIVIDE QUI APPELLE SON PÈRE À L'AIDE.
ÇA L'HUMANISE TROP ; C'EST NUL !
TU CROIS ?
GRASSET
CHRISTOPHE BATAILLE ÉDITEUR
TU VEUX PAS MONTRER DE GAULLE ET MITTERRAND COMMENTANT L'ÉLECTION ASSIS SUR UN NUAGE ?
MAIS NON... JE VOULAIS SUGGÉRER QUE MARINE S'EST CONSTRUITE SUR UN GOUFFRE. ELLE A TOUT SACRIFIÉ POUR SON PÈRE PUIS ELLE LE TRAHIT ! C'EST ROMANESQUE... ET ON FINIT PAR LÀ OÙ ON A COMMENCÉ !
DE GAULLE ET MITTERRAND C'EST PAS MODERNE !
CHRISTOPHE BATAILLE ÉDITEUR
JE NE VEUX PAS DONNER UN PRONOSTIC EN DERNIÈRE PAGE... NI FAIRE LA MORALE OU EXPRIMER UN PARTI PRIS !
ET SI ON FINISSAIT SUR SON CYNISME ? OU SUR UN GRAND BANQUET ? OU ALORS, ELLE DANSERAIT SUR DALIDA ?
MAIS VOUS ME FAITES QUOI, LÀ, TOUS ? C'EST UNE DURE À CUIRE MARINE, PAS LE GENRE À IMPLORER SON PÈRE ! ET QUE VIENNENT FAIRE DE GAULLE ET MITTERRAND DANS CETTE HISTOIRE ?
ENFIN, ...
VOUS FAITES CE QUE VOUS VOULEZ MAIS JE VEUX TOUT BOUCLER DANS DEUX JOURS !
CHRISTOPHE BATAILLE ÉDITEUR
AU FAIT...
ON FAIT QUOI SI ELLE EST ÉLUE ?

NOTES ET SOURCES

RECONSTITUTION DE LIGUE DISSOUTE

En 2006, sous l'impulsion de Philippe Cohen, nous nous sommes lancés dans une aventure un peu folle. Raconter Nicolas Sarkozy, dans une enquête minutieuse et véritable, en bande dessinée et en essayant de faire rire. *La face karchée de Sarkozy* était un pari audacieux qui a réussi, grâce au public et aux libraires, bien au-delà de nos espérances. Ce genre a fait de nombreux petits depuis.
En 2013, Philippe Cohen nous a quittés et nous pensions que cette page était tournée.

Avec nos amis de Grasset, nous avons décidé de reprendre le flambeau :
« Marine le Pen sera peut-être au second tour et au fond, on ne sait pas qui elle est, c'est un sujet pour vous. »

C'était vrai. En tout cas, nous, nous ne savions pas et nous avons eu envie de la révéler dans sa vie quotidienne, son histoire familiale, sa pensée politique, ses amitiés disparates, ses rapports avec Marion Maréchal-Le Pen, l'omniprésence de Philippot, son parricide, sa dédiabolisation.

Saïd Mahrane nous a rejoints, après douze ans passés à couvrir le Front national pour *Le Point*, afin d'analyser au plus près ce personnage honni par certains, adulé par d'autres. Nous nous sommes intéressés à cette femme politique au cœur du « système » qu'elle déclare combattre comme à notre ancien président de la République... avec un soupçon de perfidie, une légère malice, une pincée d'irrévérence, un constant souci de vérité.

Les pages sur l'enfance de Marine Le Pen, depuis sa naissance jusqu'à l'attentat de la Villa Poirier, et toutes les considérations sur son lien paternel sont tirées de son livre autobiographique *À contre flots* (Grancher) et de témoignages recueillis par Saïd Mahrane. Les étapes de l'existence de la jeune Marine Le Pen, en famille ou encore à l'école, ont été rigoureusement respectées.

La page 10 relate les conditions dans lesquelles Jean-Marie Le Pen a appris la naissance de sa fille. Il était en Bretagne et s'apprêtait à embarquer sur son bateau. Lors d'un entretien, en 2011, il confiera à Saïd Mahrane qu'il aurait préféré avoir un garçon. « Disons que Dieu m'a puni ! » En outre, il choisira bien son ami Henry Botey, personnage sulfureux, surnommé « l'empereur de Pigalle », comme parrain pour Marine.

Page 10, case 4, Jean-Marie Le Pen a effectivement exprimé le souhait que sa fille s'occupe de lui lorsqu'il sera vieux.

La case 2 de la page 11 se réfère à Léon Gaultier, ancien engagé dans la Waffen-SS et coassocié de Jean-Marie Le Pen dans la SERP, société d'édition musicale de chants du IIIe Reich, mais aussi de chants de l'Armée rouge, royalistes...

À la page suivante, la partie de cartes réunit Pierre Bousquet, ancien de la division SS Charlemagne et Roger Holeindre, ancien de l'OAS.

La citation de Jean-Marie Le Pen en case 3 de la page 12 est authentique. Dans un documentaire diffusé en 2010 sur Public Sénat, il déclare : « Cela permettait aux enfants du XVe de voir des vaches, au lieu des Arabes. » Avant l'héritage Lambert, la famille Le Pen, qui vivait Villa Poirier dans le XVe arrondissement de Paris, passait ses vacances dans une maison familiale près de Dreux.

Jean-Marie Le Pen a souvent envoyé son garde du corps, Freddy, alias « le bourreau de Béthune », son nom d'ancien catcheur, pour venir en aide à sa fille lorsque celle-ci peinait à se défaire d'un garçon trop entreprenant, ainsi que nous l'illustrons page 13.

Page 15, Jean-Claude Martinez, ami de Jean-Marie Le Pen, aura bien la jeune Marine comme étudiante à Assas. D'elle, il dira : « C'était fifille, toujours sûre d'elle à l'oral, moins à l'écrit... Elle ne m'a franchement pas impressionné. Son père me demandait de l'aider à être meilleure mais il n'y avait pas grand-chose à tirer d'elle. »

Page 19, Florian Philippot montre une certaine réticence à accompagner Marine Le Pen à Hénin-Beaumont. Et pour cause : il a la réputation, au FN, de détester la province. D'aucuns en rient et affirment que, s'il avait été élu président de la région Alsace-Champagne-Ardenne-Lorraine, c'eût été une très mauvaise nouvelle pour lui...

Le gouvernement fictif de Marine Le Pen, pages 20 et 21, met en scène des personnalités politiques ou issues de la société civile ayant manifesté de la sympathie pour la présidente du FN ou pour son programme. On reconnaît, de gauche à droite, Florian Philippot, Robert Ménard, Brigitte Bardot, Gilbert Collard, Roland Dumas, Thierry Meyssan, Bruno Gollnisch, Marion Maréchal-Le Pen, Jacques Sapir, Jean Roucas, Louis Aliot, Frédéric Chatillon et Éric Zemmour.

Page 22, pour ne pas dire la communauté juive, Dieudonné M'bala M'bala a effectivement coutume de parler de la « communauté organisée ».

Page 24, le présentateur télé rapporte une déclaration authentique de Marine Le Pen publiée dans *Le Point* du 3 février 2011. Pour la première fois, elle prend clairement ses distances vis-à-vis de son père, lequel considère la Shoah comme « un détail de l'Histoire ».

Sur la même planche, les propos d'Alain Soral sont, eux aussi, authentiques et extraits de ses différentes prises de parole filmées ou dans la presse écrite.

« Philippine », page 25, est bien le petit nom – aux accents homophobes – que donne, en privé, Jean-Marie Le Pen à Florian Philippot.

Les pages 36 et 37 sont un recensement de déclarations racistes ou antisémites de candidats FN. Certains de leurs actes ont été traduits devant la commission de discipline du parti, qui a prononcé des exclusions à leur encontre. Quant à Marine Le Pen, elle a publié sur Twitter, le 16 décembre 2015, des photos montrant des victimes de l'État islamique qu'elle a ensuite retirées de son compte. Elle voulait ainsi répondre à Jean-Jacques Bourdin auquel elle reprochait de mettre sur un même plan le FN et l'organisation terroriste.

Dans la dernière case de la page 39, Florian Philippot exprime son rejet des anciens gudards (Axel Loustau, Philippe Péninque et Frédéric Chatillon) proches de Marine Le Pen. Ce rejet est réel. Et réciproque.

Comme illustré page 40, Florian Philippot a pour habitude en effet de menacer de quitter le FN s'il n'est pas suivi par sa présidente. Un chantage qui semble pour l'instant fonctionner...

La citation de Marine Le Pen, page 42, sur la Seconde Guerre mondiale qui « n'apporte rien au parti » est extraite du livre de Romain Rosso, *La face cachée de Marine Le Pen* (Flammarion). Nous avons eu recours à la même source pour le petit conseil de Jean-Marie Le Pen à sa fille page 43.

La chronologie de la rupture des pages 42 à 52 est conforme à la réalité. Les coulisses de cette crise ont été racontées à Saïd Mahrane par Jean-Marie Le Pen et l'entourage de Marine Le Pen. La présence de Serge Moati dans ce récit, relevant ici de la fiction, n'est pas anodine : le journaliste-réalisateur et le fondateur du FN partagent, de longue date, une complicité professionnelle.

Comme indiqué page 44, Paul-Marie Coûteaux est celui qui a présenté, en 2009, Florian Philippot à Marine Le Pen. Dans la dernière case de la même page, on voit Jean-Marie Le Pen, tel un militant lambda, patienter devant le bureau de sa fille au siège du parti. C'est bien le sort qu'elle lui réservait avant la rupture.

Marine Le Pen a réellement quitté Montretout après avoir retrouvé sa chatte, sans vie, dans la gueule d'un des chiens de son père (page 46). Les chiens de Jean-Marie Le Pen s'appellent vraiment Sergent et Major. Sur la même planche, elle découvre dans *L'Obs* que Jean-Marie Le Pen, qui vit alors chez elle depuis l'incendie de sa maison de Rueil-Malmaison, s'en prend à Florian Philippot. Elle a en effet regretté l'ingratitude de son père qui, quand elle rentre le soir, a « les pieds sous la table pour le dîner ». La menace du fondateur du FN de faire à sa fille « un détail par jour » est alors réelle et récurrente.

Dans la case 3 de la page 47, la déclaration de Marine Le Pen à une journaliste du *Point* est authentique. La citation (case 5) de Jean-Marie Le Pen sur le risque pour le FN de rejoindre l'establishment s'il renonce à la polémique est une conviction qu'il a maintes fois répétée.

85

Jean-Marie Le Pen est chez lui sur Radio Courtoisie (page 49), où on l'appelle « Président ». Au plus fort de la crise au FN, il s'y est donc rendu pour se poser en victime. Les citations proviennent de son entretien.

Après son passage au 20 heures de TF1 (page 49), le 9 avril 2015, Marine Le Pen, chagrinée, se rend dans son restaurant parisien favori, Le Bidou, avec Louis Aliot et des proches.

Page 50, les vociférations de Jean-Marie Le Pen contre sa fille, Philippot et « les jeunes trous du cul » sont authentiques. Le 20 avril 2005, il a bien été hospitalisé plusieurs jours pour « un petit problème cardiaque ».

Le dialogue entre le fondateur du FN et sa femme, Jany, page 51, est authentique.

Les marques d'amour de Marine Le Pen à son père, page 52, sont essentiellement extraites du livre *À contre flots*.

Une enquête de *L'Express*, intitulée « Les démons de la droite », parue en novembre 2015, raconte les déjeuners réguliers entre Philippe de Villiers, Éric Zemmour et Patrick Buisson à La Rotonde, une brasserie parisienne. Le dialogue entre les trois compères, pages 53 et 54, bien que fictif, reprend avec précision leurs orientations politiques et stratégiques. En somme, ils préfèrent la ligne de Marion Maréchal-Le Pen à celle de Florian Philippot.

Les petites phrases de Nicolas Sarkozy, Jean-Luc Mélenchon, Aymeric Chauprade, François Bayrou, Alain Juppé, François Fillon à l'encontre de Marine Le Pen (page 56) sont toutes réelles. Celles d'Aymeric Chauprade, député européen FN en rupture avec son parti, ont été recueillies par Anna Cabana pour *Le Point*.

Les affaires judiciaires concernant le FN ou l'entourage de Marine Le Pen, évoquées dans les pages 59 et 60, sont également authentiques et en cours, de sorte que chacun bénificie de la présomption d'innocence.

Les échanges, page 63, entre Marion Maréchal-Le Pen et Steeve Briois, ainsi que celui entre Gilbert Collard et Bruno Bilde, montrent à quel point deux lignes économiques coexistent et s'opposent au sein du Front national. D'un côté, il y a ceux qui, comme Marine Le Pen et Florian Philippot, croient en l'intervention de l'État ; de l'autre, les plus libéraux, réunis derrière la jeune députée du Vaucluse.
Sur la même planche, case 4, Marion Maréchal-Le Pen déclare que Jésus « n'est pas venu mourir sur cette terre pour que son message soit remplacé par celui du prophète Mahomet ». Des propos tenus sur Radio Courtoisie en octobre 2015.

Les inquiétudes programmatiques, page 64, exprimées lors du séminaire FN par Marion Maréchal-Le Pen et Robert Ménard ont été rapportées par l'hebdomadaire *Valeurs actuelles*, et confirmées à Saïd Mahrane, tout comme cette déclaration, page 63, de Marine Le Pen : « Moi, je ne connais pas la droite, je n'en viens pas et je n'y comprends rien ! »

Page 64, Philippe Péninque rapporte que le patron de la CGT a lu un tract du FN lors d'un bureau confédéral et qu'il a ensuite été applaudi. L'information, bien réelle, a été révélée dans un indiscret du *Point*.

La relation entre la présidente du FN et Jean-Lin Lacapelle, secrétaire national aux fédérations, décrite page 67, est conforme à la réalité. L'ancien cadre de L'Oréal apporte une touche de professionnalisme au parti et n'hésite pas à conseiller Marine Le Pen sur ses tenues vestimentaires. Les photos du blog de la candidate à la présidentielle ne sont en rien parodiques. Elles existent telles qu'elles sont dessinées.

Page 71, Alain Soral arbore un T-shirt imprimé « Goy » (non-juif), celui-là même qu'il portait lors d'un procès en 2014. Il a également porté un T-shirt à l'effigie d'Adolf Hitler en maillot de bain.

Documentation :
Le Pen, une histoire française, par Philippe Cohen et Pierre Péan, Robert Laffont, 2012.
Marine Le Pen, par Caroline Fourest et Fiammetta Venner, Grasset, 2011.
Marine Le Pen, un nouveau Front national ?, par Laszlo Liskai, Favre, 2010.
Le Pen, sans bandeau, par Jean Marcilly, éditions Grancher, 1984.
À contre flots, par Marine Le Pen, éditions Grancher, 2006.
La Face cachée de Marine Le Pen, par Romain Rosso, Flammarion, 2011.

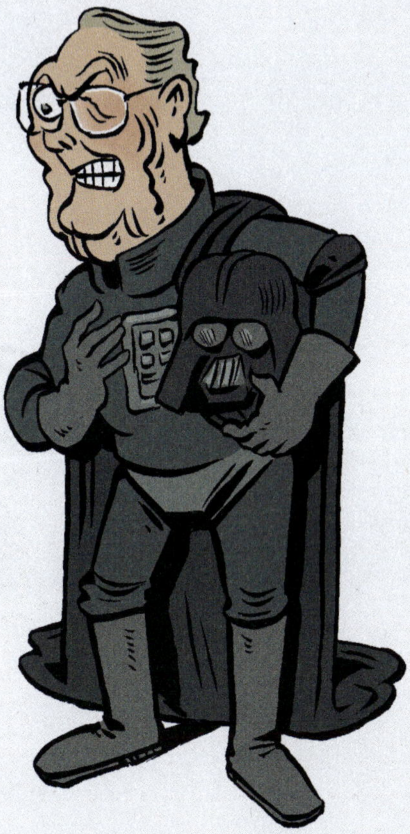

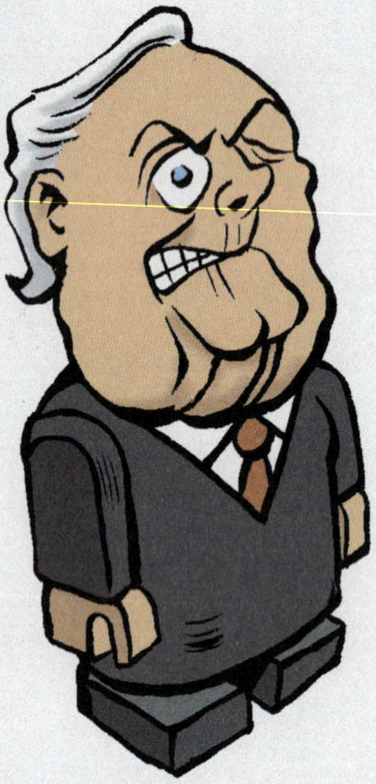
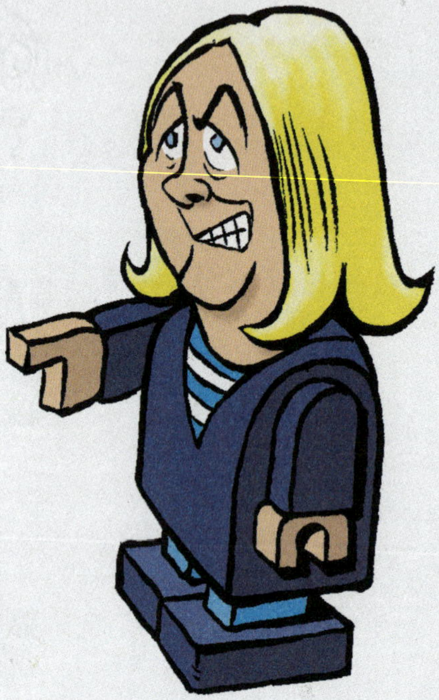

LES AUTEURS

RICHARD MALKA

Il est le scénariste et dialoguiste de toute l'histoire : disputes, réunions, bons mots, fiches, menaces, hésitations stratégiques.
Spécialiste du droit de la presse et avocat de *Charlie Hebdo* qu'il a défendu à d'innombrables reprises contre la galaxie Le Pen. Il a également représenté des auteurs, des éditeurs et des intellectuels lors de procès contre la droite radicale.
En septembre 2015, il a publié *La gratuité c'est le vol* pour défendre le modèle français du droit d'auteur, et a porté ce combat dans de nombreuses capitales européennes.

Il est le scénariste de plus de vingt bandes dessinées qui ont connu un grand succès : *L'ordre de Cicéron, Segments, Les Pieds nickelés, La vie de Palais...*

RISS

Il dessine. Conçoit, tire le portrait, moque. C'est le Fra Angelico de la famille Le Pen. Autodidacte, il propose ses premiers dessins de presse à l'hebdomadaire satirique *La Grosse Bertha*.
Blessé lors de l'attentat de janvier 2015, il est aujourd'hui directeur de la rédaction de *Charlie Hebdo*.

On lui doit de nombreux dessins, des albums de bandes dessinées, parmi lesquels : *J'aime pas l'école, Le Rêve américain expliqué aux mécréants*. Il a couvert les procès Papon et Touvier en images pour *Charlie Hebdo*.

Pour cet album, il a été assisté, au crayonné, par Ptiluc, légendaire dessinateur (*Rat's, Pacush Blues...*).

SAÏD MAHRANE

Rédacteur en chef au *Point*, connaisseur aguerri de la famille Le Pen et du Front national, de la droite et de l'extrême droite qu'il suit depuis plus de douze ans, il fournit la matière.
Chef décorateur, costumier, preneur de son. Il s'assure également du réalisme de l'album.

Il est auteur d'une biographie de son père: *C'était en 58 ou en 59...* (Calmann-Lévy, 2011).

Des mêmes auteurs

Richard Malka

L'ordre de Cicéron, avec Paul Gillon (tomes 1 à 3) et Jean-Michel Ponzio (tome 4), Glénat
Segments, avec Juan Gimenez (tomes 1 à 3), Glénat
Section financière, avec Andrea Mutti (tomes 1à 4), Vents d'Ouest
Les Pieds nickelés, avec Ptiluc et Luz, Vents d'Ouest
La Face karchée de Sarkozy, avec Philippe Cohen et Riss, Vents d'Ouest/Fayard
Sarko Ier, avec Philippe Cohen et Riss, Vents d'Ouest/Fayard
La Pire espèce, avec Agathe André, Ptiluc et Tieko, Vents d'Ouest/Grasset
Pulsions, avec Corbeyran et Defali (tomes 1 et 2), Glénat, coll. 12bis
Les Z, avec Volante (tome 1), Glénat, coll. 12bis
Carla & Carlito, avec Philippe Cohen et Riss, Glénat, coll. 12bis
La vie de Palais, avec Catherine Meurisse, Marabout, coll. Marabulles

RISS

La Face karchée de Sarkozy, avec Philippe Cohen et Richard Malka, Vents d'Ouest/Fayard
Sarko Ier, avec Philippe Cohen et Richard Malka, Vents d'Ouest/Fayard
J'aime pas l'école, Hoëbeke
Carla & Carlito, avec Philippe Cohen et Richard Malka, Glénat, coll. 12bis
Mémé femme pratique, Le Cherche Midi
Tout le monde aime Liliane, avec Laurent Léger, Éditions Les Échappés
Le Rêve américain expliqué aux mécréants, Albin Michel
Ma première croisade, Georgie Bush s'en va-t-en-guerre, Éditions Les Échappés
Obama, what else ?, avec Jean-Luc Hees, Éditions les Échappés
Le procès Papon, Hors-série Charlie Hebdo n°1
Allez-y, vous n'en reviendrez pas, avec Philippe Val (tomes 1 & 2), Le Cherche Midi
Présidentielle 2007, Carnet de campagne de Charlie Hebdo, avec Anne-Sophie Mercier, Jean-Claude Gawsewitch
Le procès Touvier, Hors-série Charlie Hebdo n°2
Le Tour de France du crime, Hors-série Charlie Hebdo n°11
1 000 unes de Charlie Hebdo 1992-2011, Éditions Rotative
Charlie Hebdo, les 20 ans 1992-2012, Éditions Rotative
Que du bonheur !, Charlie Hebdo, Éditions Les Échappés
Plus belle la crise !, Charlie Hebdo, Éditions Les Échappés
La reprise tranquille, Charlie Hebdo, Éditions Les Échappés
Tout est pardonné, Charlie Hebdo, Éditions Les Échappés

Saïd Mahrane

C'était en 58 ou en 59..., Calmann-Lévy